Devenez Viral

SUR FACEBOOK (META)

Facebook (Meta) c'est :

- ⇨ **Plus de 3,03 milliards d'utilisateurs actifs mensuels à l'échelle mondiale.**
- ⇨ **Plus de 2,93 milliards d'utilisateurs actifs quotidiens.**
- ⇨ **Au troisième trimestre 2023, le chiffre d'affaires de Facebook s'élevait à environ 33,6 milliards de dollars.**
- ⇨ **Facebook comptait environ 75 964 employés à la fin de 2023.**
- ⇨ **Plus de 200 millions de pages d'entreprises et plus de 10 millions de groupes actifs.**
- ⇨ **Instagram (propriété de Meta) avait plus d'1 milliard d'utilisateurs actifs mensuels.**
- ⇨ **WhatsApp (propriété de Meta) avait plus de 2 milliards d'utilisateurs actifs mensuels.**

Introduction

La viralité sur Facebook est l'objectif ultime pour de nombreux utilisateurs et entreprises cherchant à accroître leur visibilité en ligne. Cependant, cela ne se produit pas par hasard. Obtenir des publications virales nécessite une compréhension approfondie de votre public, une créativité exceptionnelle, et une stratégie bien pensée. Dans ce guide, nous explorerons les principales stratégies pour augmenter méthodiquement la portée de vos publications sur Facebook.

SOMMAIRE

1. Comprendre votre public (p7)

La clé du contenu viral est de connaître votre audience. Analysez les données démographiques, les intérêts, et les comportements en ligne de vos abonnés. Créez du contenu qui résonne spécifiquement avec eux, répondant à leurs besoins, préoccupations, et aspirations.

2. Créer un contenu visuel impactant (p19)

Les images et les vidéos ont un pouvoir indéniable sur Facebook. Investissez dans des visuels de haute qualité qui attirent l'attention et racontent une histoire. Les contenus visuels ont plus de chances d'être partagés, augmentant ainsi leur portée.

3. Construire des récits engageants (p29)

Les récits captivants sont des outils puissants pour créer des connexions émotionnelles. Partagez des histoires personnelles, des témoignages, ou des expériences qui résonnent avec votre public. Un storytelling efficace peut inciter les gens à partager votre contenu.

4. Utiliser l'humour judicieusement (p37)

L'humour peut être une arme redoutable pour la viralité. Créer des mèmes, des blagues légères, ou des vidéos comiques peut rendre votre contenu plus attrayant. Cependant, assurez-vous que l'humour est approprié à votre marque et à votre public.

5. Poser des questions et encourager les commentaires (p47)

Incitez à l'interaction en posant des questions dans vos publications. Encouragez les commentaires en demandant l'opinion de vos abonnés. Plus votre public est impliqué, plus la portée de votre publication sera étendue dans le fil d'actualité.

6. S'Adapter aux tendances (p58)

Restez à l'affût des tendances et des sujets populaires sur Facebook. Reliez votre contenu à ces tendances de manière pertinente pour capitaliser sur les conversations en cours.

7. Utiliser les Facebook live (p68)

Les vidéos en direct sont souvent mises en avant dans le fil d'actualité, augmentant leur visibilité. Organisez des événements en direct, des interviews, ou des sessions de questions-réponses pour créer un engagement en temps réel.

8. Timing stratégique (p74)

Publiez lorsque votre audience est la plus active. Utilisez les données analytiques pour déterminer les heures de pointe et ajustez votre calendrier de publication en conséquence.

9. Collaborations et partenariats (p79)

Collaborez avec d'autres pages ou influenceurs dans votre niche. Les partenariats peuvent élargir votre portée en exposant votre contenu à de nouveaux publics.

10. Analyser et ajuster (p86)

Surveillez les performances de vos publications. Analysez les données, identifiez ce qui fonctionne, et ajustez votre stratégie en conséquence. La compréhension constante de votre audience est cruciale pour maintenir la viralité.

11. Outils et ressources utiles (p94)

Il existe plusieurs outils utiles pour augmenter la viralité sur Facebook, chacun ayant des fonctionnalités spécifiques pour optimiser la stratégie de contenu et l'engagement.

12. Cas d'étude : Sarah (p103)

« Sarah, passionnée des animaux et désireuse d'améliorer sa viralité sur Facebook,a reçu lors d'une fête le livre que vous êtes en train de lire... »

1. Comprendre votre public

Un intérêt majeur

Le fait de connaître son audience est un atout majeur dans la quête de publications virales sur Facebook. En être conscient permet de créer un contenu plus ciblé et pertinent. En connaissant les préférences, les intérêts, et les comportements de son public, on peut ajuster le ton, le style, et même le type de contenu pour maximiser son attrait. Un contenu qui résonne spécifiquement avec l'audience est plus susceptible d'engager et de captiver, ce qui constitue le fondement même de la viralité.

De plus, connaître son audience est essentiel pour choisir les canaux de diffusion appropriés. Chaque communauté en ligne a ses propres préférences et habitudes de consommation de contenu. En comprenant où se trouve principalement son public sur Facebook, que ce soit dans des groupes spécifiques, des pages thématiques, ou des forums,

on peut cibler plus efficacement la diffusion du contenu. Cela augmente les chances que le contenu atteigne les
personnes les plus susceptibles de le partager, contribuant ainsi à sa viralité.

Enfin, la connaissance de son audience facilite la création d'un engagement actif. En posant des questions pertinentes, en incitant à la participation et en répondant de manière appropriée aux commentaires, on établit une connexion plus profonde avec le public. Un engagement actif stimule la visibilité du contenu dans le fil d'actualité, car les algorithmes des réseaux sociaux privilégient souvent les publications qui génèrent des interactions. En somme, la connaissance approfondie de l'audience forme le socle stratégique sur lequel repose toute initiative visant à créer des publications virales sur Facebook.

<u>**Définitions des principaux termes**</u> :

Insights de Page

Sur Facebook, les "Insights de Page" (ou statistiques de page) désignent une série de données analytiques et statistiques fournies par la plateforme pour les administrateurs de pages professionnelles. Ces informations offrent un aperçu détaillé de la performance de la page, permettant aux propriétaires de pages de comprendre comment leur contenu est perçu et interagi par leur audience.

Vous trouverez ces principales catégories d'informations incluses dans les Insights de Page :

- **Engagement :** Les données d'engagement indiquent le nombre de likes, de commentaires, de partages et de clics sur vos publications. Cela permet de mesurer l'interaction des utilisateurs avec votre contenu.
- **Portée :** La portée mesure le nombre de personnes qui ont vu vos publications. Elle peut être segmentée en portée organique (personnes ayant vu votre

publication naturellement dans leur fil d'actualité) et portée payante (personnes atteintes par des publicités payantes).

- **Visites de Page :** Les Insights de Page fournissent des informations sur le nombre de fois où votre page a été consultée, ainsi que les sections les plus visitées.
- **Mentions "J'aime" :** Cela indique le nombre total de personnes qui ont aimé votre page au cours d'une période donnée.
- **Suivi de la Page :** Vous pouvez suivre l'évolution du nombre total d'abonnés à votre page, ainsi que les nouvelles personnes qui ont aimé ou n'aiment plus votre page.
- **Démographie de l'Audience :** Les Insights de Page vous donnent un aperçu des caractéristiques démographiques de votre audience, telles que l'âge, le sexe, la localisation géographique, etc.
- **Temps et Type d'Activité :** Vous pouvez voir les jours et les heures où votre audience est la plus active, ce qui peut aider à planifier le moment optimal pour publier du contenu.

- **Références :** Cette section indique comment les utilisateurs ont trouvé votre page, que ce soit par une recherche sur Facebook, des recommandations d'amis, ou d'autres sources.

Ces données sont essentielles pour les administrateurs de pages Facebook, car elles permettent d'évaluer l'efficacité de la stratégie de contenu, d'identifier les domaines à améliorer et d'adapter la stratégie en fonction des comportements de l'audience. Les Insights de Page sont accessibles via l'onglet "Statistiques" sur la page Facebook professionnelle.

- **Personas d'Audience**

Les personas d'audience désignent des représentations semi-fictives et détaillées de différents segments de votre public cible. Créer des personas d'audience implique de regrouper des caractéristiques démographiques, des comportements en ligne, des intérêts, et des motivations spécifiques pour former des profils représentatifs. Ces profils permettent aux spécialistes du marketing et aux créateurs de contenu de mieux comprendre les besoins et les attentes de leur audience, facilitant ainsi la personnalisation des stratégies de communication.

Chaque persona est construite en utilisant des informations réelles et peut inclure des détails tels que l'âge, le sexe, le lieu de résidence, les préférences d'achat, les habitudes en ligne, et même des anecdotes fictives pour humaniser le profil. Par exemple, une persona pour une marque de vêtements éthiques pourrait inclure une jeune femme soucieuse de l'environnement, passionnée par la mode durable, et active sur les réseaux sociaux.

L'utilisation de personas d'audience contribue à une meilleure compréhension des besoins spécifiques de chaque segment de votre audience, permettant ainsi d'adapter les messages, le ton, et le contenu pour répondre de manière plus précise à leurs attentes. Ces représentations fictives deviennent des outils essentiels dans la création de campagnes de marketing plus ciblées et personnalisées, visant à maximiser l'engagement et à renforcer la connexion entre la marque et son public. Les personas d'audience sont souvent appelées « Avatar »

Alors : comment faire ?

La compréhension approfondie de son audience est une étape d'importance pour faire grandir l'impact de vos publications sur Facebook.

Analysez les Insights de page

Facebook offre des outils tels que les Insights de Page qui fournissent des données démographiques, des informations sur l'engagement et les habitudes de vos abonnés. Explorez donc ces données pour comprendre qui compose votre audience, quand elle est la plus active, et quel type de contenu résonne le mieux.

Posez des questions et sollicitez des retours

Interagissez directement avec votre audience en posant des questions dans vos publications. Encouragez les retours en demandant aux abonnés ce qu'ils apprécient le plus dans votre contenu ou ce qu'ils aimeraient voir davantage. Ces réponses peuvent révéler des insights précieux.

Utilisez des sondages

Organisez des sondages pour recueillir des informations spécifiques sur les intérêts et les préférences de votre audience. Les sondages sont un moyen interactif d'impliquer les abonnés tout en collectant des données utiles.

Analysez les commentaires et messages privés

Scrutez les commentaires sur vos publications et les messages privés. Les réactions directes peuvent fournir des indications sur ce que votre audience apprécie et sur les sujets qui la passionnent.

Surveillez les tendances et la concurrence

Restez au courant des tendances populaires sur
Facebook et observez ce que font vos concurrents.
Cela peut vous donner des indications sur les sujets
qui captent l'attention de votre public cible.

Créez des personas d'audience

Élaborez des personas représentatives de différents
segments de votre audience. Cela peut inclure des
détails tels que l'âge, le lieu, les intérêts, les défis et
les aspirations. Ces personas aideront à
personnaliser votre contenu.

Utilisez les publicités ciblées

Les publicités ciblées sur Facebook peuvent vous
aider à tester différentes variantes de contenu
auprès de segments spécifiques de votre audience.
Analysez les performances de ces publicités pour
ajuster votre stratégie de contenu organique.

Organisez des événements en ligne

Les événements en ligne, tels que des webinaires ou
des sessions de questions-réponses, offrent une
opportunité directe d'interagir avec votre audience
en temps réel. Les questions posées pendant ces

événements peuvent révéler des insights importants.

En combinant ces approches, vous serez en mesure de mieux comprendre les besoins, les préférences, et les comportements de votre audience sur Facebook. Cette connaissance approfondie jettera les bases d'une stratégie de contenu plus efficace, augmentant ainsi les chances de créer des publications virales.

IMPORTANT :

Il est important que vous soyez à la recherche d'une audience qui partage vos valeurs, et ne surtout pas inverser, en cherchant à défendre des valeurs qui ne vous vont pas !

Avoir les mêmes valeurs que votre audience créé une dynamique positive qui peut bénéficier à la fois à la croissance de votre communauté en ligne et à la perception de votre marque. A l'inverse, c'est-à-dire ne pas partager les valeurs de votre audience, peut entraîner des conflits et nuire à la cohérence de votre présence en ligne.

En effet, une audience qui partage vos valeurs est plus susceptible de s'engager de manière authentique avec votre contenu. Cela crée une communauté en ligne où les interactions sont basées sur des intérêts communs, favorisant ainsi des discussions plus significatives et des relations plus authentiques.

Cela renforce la cohérence de votre image de marque, ce qui est essentiel pour établir la confiance et la crédibilité. Une audience qui adhère à vos valeurs contribue à maintenir cette cohérence, renforçant ainsi la perception positive de votre marque.

Une audience alignée sur vos valeurs a plus de chances de devenir des ambassadeurs de votre marque. Ces individus sont susceptibles de recommander votre contenu à d'autres, d'élargir votre portée organique et de contribuer à la croissance organique de votre communauté.

De plus, les risques de tensions et de controverses sont réduits, mais inverser les valeurs, en attirant une audience divergente, peut entraîner des désaccords fréquents, ce qui peut nuire à l'atmosphère positive de votre communauté et éventuellement à la réputation de votre marque.

Ce point est important pour la croissance de votre communauté, mais aussi pour maintenir une image de marque cohérente et positive.

2. Créer un contenu visuel impactant

La création d'un contenu visuel impactant est un des piliers fondateurs, pour augmenter significativement vos chances de viralité sur Facebook. Vous trouverez plusieurs points l'expliquant :

- **Capture de l'attention :** Sur une plateforme aussi dynamique que Facebook, où les utilisateurs sont constamment exposés à un flux continu d'informations, capturer rapidement l'attention est essentiel. Le contenu visuel percutant se démarque dans le fil d'actualité, incitant les utilisateurs à s'arrêter et à examiner davantage la publication.
- **Partage facilité :** Les contenus visuels, tels que les images et les vidéos, sont plus susceptibles d'être partagés sur Facebook. Lorsqu'un utilisateur rencontre un contenu visuel intéressant, divertissant, ou

émouvant, il est plus enclin à le partager avec ses amis, augmentant ainsi la portée organique du contenu.

- **Émotion et mémorabilité :** Le contenu visuel a le pouvoir unique de susciter des émotions. Les publications qui déclenchent une réaction émotionnelle, que ce soit de l'amusement, de l'inspiration, ou de la surprise, sont souvent mémorables. Les utilisateurs sont plus enclins à partager du contenu qui a suscité une forte réaction émotionnelle.
- **Adaptation aux tendances :** Le contenu visuel est plus facilement adaptable aux tendances en ligne. Des formats tels que les mèmes, les vidéos courtes, et les visuels interactifs peuvent rapidement capitaliser sur les sujets populaires, augmentant ainsi la probabilité de partages et d'engagement.
- **Visibilité dans le fil d'actualité :** Les algorithmes de Facebook accordent souvent une plus grande visibilité aux contenus visuels de haute qualité. Lorsque le contenu visuel génère des likes, des commentaires, et des partages, il a plus de chances d'apparaître fréquemment

dans le fil d'actualité des utilisateurs, augmentant ainsi sa portée organique.
- **Narration visuelle :** Les images et les vidéos permettent une narration visuelle puissante. Raconter une histoire à travers des éléments visuels peut captiver l'audience de manière unique, incitant les utilisateurs à s'impliquer et à partager l'histoire avec leur réseau.

Vous aurez donc fatalement besoin d'un contenu visuel impactant pour attirer l'attention sur Facebook, susciter des émotions, et encourager le partage. Pour maximiser la viralité, il est essentiel de comprendre les tendances visuelles actuelles, d'investir dans la qualité visuelle, et de créer un contenu qui résonne avec votre public cible.

Capturez l'attention sur Facebook !

Pour capturer l'attention d'un internaute sur Facebook, il est crucial de mettre en œuvre des stratégies efficaces dès les premières secondes de visualisation. Tout d'abord, la conception visuelle doit être à la fois esthétiquement attrayante  et pertinente pour le sujet que vous souhaitez mettre en avant. Des images ou des vidéos professionnellement réalisées, aux couleurs vives et au design soigné, attirent naturellement l'œil. Les éléments visuels doivent être clairs, épurés, et facilement compréhensibles, même lors d'une brève exposition dans le fil d'actualité.

Deuxièmement, l'utilisation de légendes accrocheuses peut renforcer l'impact de votre contenu visuel. Les légendes captivantes fournissent un contexte immédiat et incitent les utilisateurs à en savoir plus. Que ce soit par une question intrigante, une déclaration percutante, ou un appel à l'action stimulant la curiosité, les légendes jouent un rôle important dans la rétention de l'attention. L'objectif est de susciter suffisamment d'intérêt pour encourager les internautes à s'engager davantage, que ce soit par un like, un commentaire, ou un partage.

Enfin, l'innovation et l'originalité sont des clés majeures pour se démarquer sur Facebook. Expérimentez avec des formats créatifs, tels que des vidéos interactives, des infographies animées, ou des visuels immersifs. Les contenus visuels qui offrent une expérience unique ou qui présentent quelque chose d'inattendu ont plus de chances de retenir l'attention. Écoutez également les retours de votre audience et ajustez votre approche en conséquence. En créant un équilibre entre l'esthétique visuelle, le message percutant, et l'innovation créative, vous augmentez considérablement les chances de captiver l'attention des internautes sur Facebook.

Donnez de l'émotion !

Pour susciter des émotions sur un post Facebook, votre objectif doit être la connexion authentique avec votre audience.

Racontez des histoires personnelles ou partagez des expériences qui évoquent des émotions : les anecdotes authentiques créent un lien émotionnel avec les lecteurs, qu'il s'agisse d'une narration touchante, d'un moment de triomphe, ou d'une leçon apprise. Les utilisateurs sont plus enclins à s'engager émotionnellement avec des contenus qui résonnent avec leur propre vécu, donc humanisez votre message pour le rendre plus accessible et significatif.

Ensuite, utilisez des éléments visuels puissants. Une image émouvante, une vidéo inspirante, ou même une citation émotionnelle présentée de manière visuelle peuvent amplifier l'impact émotionnel de votre post. Les visuels ont le pouvoir unique de transcender les barrières linguistiques et culturelles, permettant une communication émotionnelle directe. Assurez-vous que les visuels sélectionnés renforcent le ton émotionnel que vous souhaitez transmettre, que ce soit la joie, l'empathie, l'enthousiasme, ou tout autre sentiment que vous visez. En utilisant une combinaison de storytelling authentique et de visuels évocateurs, vous pouvez créer des posts Facebook qui touchent profondément votre audience et suscitent des réponses émotionnelles significatives.

Adaptez vous aux tendances !

Le contenu visuel est plus facilement adaptable aux tendances en ligne, en raison de sa nature dynamique et de sa capacité à captiver rapidement l'attention des utilisateurs.

Les formats visuels, tels que les images, les vidéos, et les infographies, peuvent être créés et modifiés plus rapidement que le contenu textuel. Cela permet aux créateurs de s'ajuster rapidement aux tendances émergentes, de capitaliser sur les événements actuels, et de rester pertinents dans un paysage numérique en constante évolution.

De plus, la viralité sur les médias sociaux, y compris Facebook, est souvent alimentée par des contenus visuels qui s'inscrivent dans des tendances populaires. Des formats tels que les mèmes, les vidéos virales, et les challenges en ligne gagnent souvent en popularité grâce à leur nature visuelle attractive. Les utilisateurs sont plus enclins à partager du contenu visuel amusant, inspirant, ou créatif, contribuant ainsi à la diffusion rapide de tendances.

En outre, les algorithmes des plateformes sociales comme Facebook favorisent souvent le contenu visuel engageant. Les publications qui génèrent des likes, des commentaires, et des partages sont plus susceptibles d'être mises en avant dans le fil d'actualité des utilisateurs, créant ainsi un cycle d'engagement qui peut propulser un contenu visuel adapté aux tendances vers la viralité.

Il faut retenir que la nature visuelle du contenu le rend plus adaptable aux tendances en ligne, offrant aux créateurs la flexibilité nécessaire pour suivre l'évolution rapide de l'environnement numérique et pour capitaliser sur les opportunités émergentes. C'est pourquoi la création de contenus visuels pertinents et attrayants demeure une stratégie clé pour maintenir la visibilité et l'engagement sur Facebook.

Un exemple parlant

Imaginons un post pour sensibiliser à une cause
sociale, comme la protection de l'environnement.
L'image pourrait présenter de manière percutante
les conséquences de la pollution plastique sur la vie
marine, avec une photographie saisissante d'un
animal marin en interaction avec des déchets
plastiques.

La force de cet exemple réside dans sa capacité à
évoquer l'empathie et à susciter une réaction
émotionnelle chez les spectateurs. L'image doit être
à la fois visuellement puissante et poignante pour
captiver l'attention et transmettre le message de
manière impactante. La légende du post pourrait
compléter l'image en expliquant brièvement la
problématique, appelant à l'action ou partageant
des informations sur la manière dont les utilisateurs
peuvent contribuer à résoudre ce problème.

Un contenu visuel impactant doit être non
seulement esthétiquement attrayant, mais aussi
capable de communiquer un message clair et
persuasif. Que ce soit pour partager une histoire
émotionnelle, sensibiliser à une cause, ou présenter

un produit de manière créative, le visuel doit être en accord avec l'objectif du post et capable de captiver l'audience dès le premier regard.

3. Construire des récits engageants

C'est un levier puissant pour augmenter la viralité sur Facebook, car ceci répond à plusieurs aspects clés du fonctionnement de la plateforme et du comportement des utilisateurs. Je peux vous donner quelques raisons pour lesquelles les récits engageants favorisent la viralité :

- **Capture de l'attention :** Les récits engageants ont le pouvoir d'attirer immédiatement l'attention des utilisateurs. Les débuts captivants et les éléments narratifs stimulants suscitent l'intérêt et encouragent les utilisateurs à consacrer davantage de temps à la lecture ou à la visualisation du contenu. La première étape pour devenir viral est de capter l'attention, et les récits accomplissent cela de manière particulièrement efficace.

- **Connexion émotionnelle :** Les récits
  engagent émotionnellement l'audience.
  En racontant une histoire captivante, que
  ce soit à travers du texte, des images, ou
  des vidéos, vous créez une connexion
  émotionnelle avec les utilisateurs. Les
  émotions sont un moteur puissant du
  partage sur les réseaux sociaux. Lorsque
  les gens se sentent touchés, inspirés, ou
  émus, ils ont davantage tendance à
  partager ce contenu avec leur réseau,
  amplifiant ainsi sa portée.
- **Partage facilité :** Les récits engageants
  offrent souvent une structure narrative
  qui facilite le partage. Que ce soit une
  anecdote personnelle, une expérience
  vécue, ou une histoire universelle, les
  utilisateurs trouvent souvent des éléments
  dans les récits qu'ils veulent partager avec
  leurs amis et abonnés. La facilité de
  partage contribue à la diffusion rapide du
  contenu, augmentant ainsi sa visibilité sur
  Facebook.
- **Durée d'attention prolongée :** Les récits
  bien construits maintiennent l'attention
  de l'audience sur une plus longue durée.
  Sur Facebook, où la concurrence pour

l'attention est féroce, le fait de retenir l'attention au-delà des premières secondes est essentiel. Les récits engageants incitent les utilisateurs à rester impliqués, augmentant ainsi les chances qu'ils interagissent avec le contenu et le partagent.

- **Narration visuelle :** L'utilisation de la narration visuelle, telle que des vidéos ou des images séquentielles, renforce l'impact des récits sur Facebook. Les visuels captivants complètent la narration et permettent aux utilisateurs de s'immerger davantage dans l'histoire. Les vidéos, en particulier, sont souvent privilégiées par les algorithmes de Facebook, augmentant la visibilité du contenu.

Nous pouvons conclure que construire des récits engageants sur Facebook crée une expérience utilisateur immersive, émotionnelle, et propice au partage. Ces éléments sont essentiels pour maximiser la viralité, car un contenu qui capte l'attention, crée une connexion émotionnelle, facilite le partage, maintient l'attention, et utilise la narration visuelle qui a toutes les chances de se propager rapidement au sein de la communauté en ligne.

Définition du récit engageant

Un récit engageant est une narration captivante qui suscite l'attention et l'intérêt du public. C'est une histoire qui va au-delà de la simple transmission d'informations pour créer une connexion émotionnelle avec les auditeurs ou les lecteurs. Un récit engageant utilise des éléments narratifs tels que des personnages intéressants, des rebondissements de l'intrigue, et des détails vivants pour immerger l'audience dans l'histoire. L'objectif principal d'un récit engageant est de maintenir l'attention du public, de créer une expérience mémorable, et souvent d'inciter à une action spécifique, que ce soit un partage sur les réseaux sociaux, un commentaire, ou une réflexion plus profonde sur le contenu présenté.

Les récits engageants peuvent prendre différentes formes, que ce soit à travers des articles, des vidéos, des podcasts, ou même des images. L'élément clé est la capacité du récit à captiver et à impliquer l'audience du début à la fin. Un récit engageant va au-delà de la simple transmission d'informations pour éveiller des émotions, stimuler l'imagination, et créer une expérience immersive pour ceux qui le consomment. Dans le contexte des médias sociaux et du marketing, la création de récits engageants est un moyen puissant de susciter l'interaction et le partage, contribuant ainsi à accroître la visibilité et l'impact d'un contenu.

Alors... Comment faire ?

La construction de récits engageants nécessite une approche stratégique pour capter l'attention de l'audience et maintenir son intérêt tout au long de l'histoire. Voici une méthode en plusieurs étapes pour construire des récits engageants :

1. **Comprendre votre public :** On y revient toujours, l'importance essentielle de connaître son public ! Avant de commencer à construire votre récit : comprenez d'abord qui est votre public cible. Quels sont leurs intérêts, leurs besoins, et leurs préoccupations ? Adaptez votre histoire pour qu'elle résonne avec votre audience, en utilisant des éléments qui les captivent et les intéressent.

2. **Définir un objectif clair :** Identifiez l'objectif de votre récit. Que souhaitez-vous accomplir avec cette histoire ? Que ce soit inspirer, éduquer, divertir, ou inciter à l'action, avoir un objectif clair vous guidera dans la création d'un récit cohérent et percutant.

3. **Créer des personnages mémorables :** Les personnages sont essentiels pour construire un récit engageant. Donnez-leur des traits

distinctifs, des motivations, et des défis à surmonter. Les personnages bien développés permettent au public de s'identifier et de s'investir émotionnellement dans l'histoire.

4. **Construire une intrigue captivante :** Introduisez une intrigue qui maintient l'audience en haleine. Ajoutez des éléments de tension, des rebondissements inattendus, et des moments de climax pour stimuler l'intérêt. Une intrigue bien construite crée une dynamique narrative qui encourage le spectateur à rester engagé jusqu'à la fin.

5. **Utiliser des éléments visuels et sensoriels :** Si possible, incorporez des éléments visuels et sensoriels pour renforcer votre récit. Les images, les vidéos, et les descriptions détaillées contribuent à rendre l'histoire plus immersive et mémorable.

6. **Maintenir un rythme approprié :** Contrôlez le rythme de votre récit pour maintenir l'attention de l'audience. Alternez entre des moments plus lents et des moments plus dynamiques pour créer un flux narratif captivant. Évitez les longueurs qui pourraient entraîner la perte d'intérêt.

7. **Incorporer l'émotion :** Les émotions sont le cœur des récits engageants. Cherchez des

moyens d'incorporer des éléments
émotionnels dans votre histoire. Que ce soit
de la joie, de la tristesse, de l'empathie, ou de
la surprise, les émotions renforcent la
connexion entre le récit et l'audience.

8. **Appel à l'action :** Si votre récit a un objectif
   spécifique, assurez-vous d'inclure un appel à
   l'action à la fin. Que ce soit pour partager le
   contenu, commenter, ou passer à l'étape
   suivante, guidez votre audience vers une
   action concrète.

9. **Recueillir des retours et ajuster :** Après
   avoir partagé votre récit, recueillez des
   retours de l'audience. Comprenez ce qui a
   fonctionné et ce qui peut être amélioré.
   Utilisez ces informations pour ajuster vos
   approches futures de narration.

En utilisant cette méthode, vous pouvez créer des
récits engageants qui captivent votre audience et
augmentent la viralité de votre contenu sur
Facebook.

4. Utiliser l'humour judicieusement

L'humour est une arme secrète pour obtenir plus de viralité sur Facebook, et cela s'explique par plusieurs facteurs. Tout d'abord, l'humour a le pouvoir d'attirer instantanément l'attention. Dans un flux d'informations constant, les utilisateurs sont plus enclins à s'arrêter et à interagir avec du contenu qui les fait rire ou sourire. En capturant l'attention de manière efficace, le contenu humoristique augmente ses chances d'être vu et partagé.

Ensuite, l'humour favorise la connexion émotionnelle. Les émotions positives associées à l'humour créent un lien entre le créateur de contenu et l'audience. Les utilisateurs sont plus enclins à s'engager avec des publications qui évoquent des émotions positives, et partager du contenu humoristique devient un moyen naturel de propager cette expérience positive à leur réseau.

Cette connexion émotionnelle renforce la résonance du contenu et encourage le partage organique.

L'humour facilite le partage et la mémorabilité. Les gens aiment partager des moments drôles avec leurs amis, contribuant ainsi à la viralité du contenu.

De plus, le caractère mémorable de l'humour signifie que les utilisateurs sont plus susceptibles de se souvenir du contenu et de le partager à plusieurs reprises dans le temps. En utilisant l'humour de manière stratégique, les créateurs de contenu peuvent exploiter ces dynamiques pour accroître la visibilité de leur contenu et favoriser une croissance virale sur Facebook.

Il existe une variété de types d'humour qui peuvent être utilisés dans les posts Facebook, chacun ayant son propre style et son attrait particulier. Voici quelques exemples :

- **Humour Observateur :** Joue sur des observations quotidiennes, des comportements humains communs, ou des situations de la vie quotidienne de manière humoristique. Il trouve souvent l'humour dans des détails que beaucoup de gens peuvent reconnaître.
- **Humour Satirique :** Utilise l'ironie, la dérision, ou le sarcasme pour critiquer ou se moquer de certains sujets, souvent dans un ton humoristique. C'est un type d'humour qui peut être puissant, mais doit être utilisé avec précaution pour éviter d'offenser.
- **Humour Absurde :** Crée des situations ou des scénarios complètement hors du commun, souvent déconnectés de la réalité, pour susciter le rire. C'est un type d'humour qui repose sur l'inattendu et l'irrationnel.
- **Humour de Jeu de Mots :** Utilise des jeux de mots, des calembours, ou des jeux

linguistiques pour créer des effets comiques. Ce type d'humour est souvent apprécié pour sa créativité verbale.

- **Humour Auto-dérisoire :** Se moque de soi-même de manière légère et amusante. Les publications auto-dérisoires peuvent être particulièrement engageantes, car elles montrent une certaine vulnérabilité qui peut être relatable.

- **Humour Visuel :** S'appuie sur des éléments visuels pour créer des effets comiques, que ce soit à travers des images, des mèmes, ou des vidéos. Les formats visuels peuvent renforcer l'impact de l'humour.

- **Humour de Situation :** Crée des situations humoristiques basées sur des circonstances particulières, des quiproquos, ou des scénarios comiques. Ce type d'humour peut souvent être lié à des expériences partagées.

- **Humour Inclusif :** Crée un humour qui rassemble plutôt qu'il ne divise, en évitant les stéréotypes ou les sujets potentiellement offensants. L'objectif est de faire rire sans exclure une partie de l'audience.

Le choix du type d'humour dépend du ton de la page, de la sensibilité de l'audience cible, et de l'objectif spécifique de la publication.

En variant les types d'humour, les créateurs de contenu peuvent maintenir l'intérêt de leur audience et accroître les chances d'interaction et de partage.

Pour commencer...

Pour construire un post humoristique efficace sur Facebook, identifiez les expériences ou les situations que votre public pourrait trouver drôles et créez un lien avec ces éléments. Utilisez un langage qui résonne avec votre communauté tout en restant authentique.

Ensuite, choisissez un type d'humour adapté à votre message. Cela pourrait être un humour observateur basé sur des situations de la vie quotidienne, un jeu de mots ingénieux, ou même de l'auto-dérision si cela s'aligne avec votre style et votre image de marque. Les visuels sont également un excellent moyen d'ajouter une dimension humoristique à votre publication. Que ce soit à travers des images, des gifs, ou des mèmes, les éléments visuels renforcent souvent l'impact de l'humour en le rendant plus tangible.

Enfin, soyez conscient de la sensibilité de votre audience. Évitez les sujets potentiellement offensants et assurez-vous que votre humour est inclusif. L'objectif est de faire rire sans aliéner une partie de votre public. En testant et ajustant votre approche au fil du temps, vous pouvez affiner votre capacité à créer des posts humoristiques qui engagent votre audience et encouragent le partage sur la plateforme.

Pour continuer...

L'humour est une arme secrète, mais aussi une arme à double tranchant qu'il faut savoir manier avec précaution. En effet une mauvaise blague peut avoir autant d'effet négatif, qu'une bonne blague aura un effet positif.

Pour éviter de faire des blagues ayant un effet négatif sur Facebook, il est important de prendre en compte plusieurs facteurs afin de maintenir une atmosphère positive et respectueuse. Voici quelques conseils :

- **Éviter les Sujets Sensibles :** Évitez les blagues sur des sujets sensibles tels que la race, la religion, le genre, ou d'autres thèmes délicats. Ces sujets peuvent être source de malentendus et d'inconfort, même s'ils sont abordés avec des intentions légères.
- **Éviter l'Humour à Caractère Discriminatoire :** Assurez-vous que vos blagues n'ont pas de connotations discriminatoires. L'humour qui stigmatise ou ridiculise certaines personnes ou groupes peut avoir des effets négatifs.
- **Éviter l'Auto-dérision Excessive :** Si vous utilisez l'auto-dérision, assurez-vous de ne pas exagérer au point de donner une image négative de vous-même. L'auto-dérision peut être amusante, mais un excès peut être mal interprété.
- **Soyez Conscient des Tendances :** Restez informé sur les tendances et les événements actuels. Faire des blagues déplacées sur des sujets sensibles ou en lien avec des tragédies récentes peut être perçu comme insensible.
- **Prévenir les Malentendus :** Ajoutez des éléments de clarification si une blague

pourrait être mal interprétée. Parfois, l'absence de langage corporel peut conduire à des malentendus en ligne, alors soyez clair dans votre intention.

- **Encourager la Positivité :** Orientez votre humour vers des aspects positifs et légers. Les blagues qui suscitent le rire sans critiquer ou ridiculiser ont plus de chances d'être bien reçues.

- **Réévaluer les Retours :** Si vous recevez des retours négatifs, soyez ouvert à la critique constructive. Réévaluez vos approches humoristiques et ajustez-les en conséquence pour maintenir une interaction positive avec votre audience.

En restant conscient de votre audience, en évitant les sujets sensibles, et en privilégiant un humour positif et inclusif, vous pouvez créer du contenu humoristique sur Facebook qui engage positivement votre audience sans risquer d'effets négatifs.

Un exemple pour terminer...

Imaginons un post humoristique lié à une situation de travail à domicile. Le texte pourrait débuter par : "Depuis le Covid... LA MODE EVOLUE ! 🐻 👔

#HautProfessionnelBasConfort
#StyleDeTravailModerne."

Cette approche utilise l'autodérision et l'humour de situation, illustrant une réalité familière pour de nombreuses personnes travaillant à domicile.

Les images ou les gifs peuvent souvent amplifier l'effet humoristique en capturant visuellement la situation. Ce type de post peut générer des réactions amusées de la part de ceux qui peuvent se reconnaître dans cette situation, favorisant ainsi l'engagement et le partage.

5. Poser des questions et encourager les commentaires

Poser des questions... Pourquoi ?

Poser des questions et encourager les commentaires sur Facebook contribue à une interaction plus dynamique et à une meilleure visibilité de votre contenu.

Cela incite votre audience à s'impliquer activement dans votre contenu. Les gens aiment partager leurs opinions, expériences et points de vue. En encourageant les commentaires, vous stimulez l'engagement, incitant votre audience à participer à la conversation. Cela renforce la connexion entre vous et vos abonnés, favorisant une communauté plus interactive.

De plus, l'algorithme de Facebook favorise le contenu qui génère de l'engagement. Plus votre publication suscite de commentaires, de likes, et de partages, plus elle a de chances d'apparaître dans le fil d'actualité de vos abonnés et d'atteindre un public plus large. En posant des questions, vous encouragez les interactions, ce qui peut augmenter la portée organique de votre contenu.

Les commentaires offrent une opportunité précieuse d'obtenir des retours directs de votre audience. Vous pouvez recueillir des informations sur leurs préférences, besoins et opinions. Cela vous aide à mieux comprendre votre public et à ajuster votre stratégie de contenu en conséquence. Les commentaires peuvent également générer des idées pour de futurs contenus basés sur les intérêts spécifiques de votre audience.

Encourager les commentaires crée un sentiment de communauté. Lorsque les gens se sentent entendus et inclus, ils sont plus susceptibles de rester engagés sur votre page. En construisant une communauté active, vous établissez une relation plus solide avec votre audience, renforçant ainsi la fidélité et la rétention.

Enfin, poser des questions et interagir avec les commentaires humanise votre marque. Cela montre qu'il y a de vraies personnes derrière le contenu, prêtes à interagir et à écouter. L'humanisation renforce la confiance et crée une connexion authentique avec votre audience.

Poser des questions et encourager les commentaires sur Facebook dynamise fortement votre page en favorisant l'engagement, en améliorant la visibilité de votre contenu, en fournissant des retours précieux, en créant une communauté active, et en humanisant votre marque. Ces interactions contribuent à une présence en ligne plus forte et à des relations plus étroites avec votre audience.

Quels types de questions ?

Poser des questions pertinentes et engageantes sur Facebook peut donc stimuler l'interaction et potentiellement augmenter la viralité de votre contenu. Je vous soumets quelques types de questions que vous pourriez poser pour encourager les commentaires et le partage :

1. **Questions à choix multiples :** Proposez des questions simples avec des options de

réponse. Par exemple, "Quelle est votre chanson préférée parmi celles-ci ? Réagissez avec le numéro de votre choix !"

2. **Questions d'opinion :** Invitez votre audience à partager son opinion sur des sujets d'actualité, des tendances ou des questions pertinentes pour votre niche. Par exemple, "Quel est votre avis sur [sujet] ? Partagez-le avec nous !"

3. **Questions de Recommandation :** Demandez à votre audience des recommandations ou des conseils. Par exemple, "Quels sont vos livres/films/séries préférés du moment que vous recommanderiez à tout le monde ?"

4. **Questions de Défi :** Proposez des défis amusants et encouragez votre audience à participer. Par exemple, "Relevez le défi ! Postez une photo de votre animal de compagnie et ajoutez le hashtag #AnimalChallenge."

5. **Questions Réfléchies :** Posez des questions qui incitent à la réflexion et à des réponses plus détaillées. Par exemple, "Si vous pouviez rencontrer une personne célèbre, qui choisiriez-vous et pourquoi ?"

6. **Questions sur les Expériences Personnelles
   :** Invitez votre audience à partager ses
   expériences personnelles. Par exemple,
   "Quelle est votre meilleure astuce pour rester
   productif pendant la journée ?"

7. **Questions Saisonnieres ou Thématiques :**
   Alignez vos questions avec les saisons, les
   vacances ou des événements spécifiques. Par
   exemple, "Quel est votre plat préféré pour les
   fêtes de fin d'année ?"

8. **Questions Ludiques ou Quizz :** Créez des
   questions ludiques ou des quizz pour divertir
   votre audience. Par exemple, "Testez vos
   connaissances musicales : quel artiste a sorti
   cette chanson célèbre ?"

Veillez à personnaliser vos questions en fonction de
votre audience et de votre niche. Soyez authentique,
encouragez les réponses détaillées, et n'oubliez pas
de répondre et d'interagir avec les commentaires
pour maintenir l'engagement. En utilisant des
questions variées et attrayantes, vous pouvez
encourager une participation active qui peut
contribuer à la viralité de votre contenu.

Le cycle infernal de l'hiver

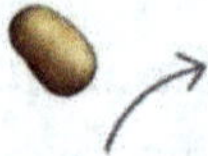 **RACLETTE** 

Il reste des patates *Il reste du fromage*

RACLETTE **RACLETTE**

Il reste du fromage *Il reste de la charcut'*

 **RACLETTE** 

La Raclette, vous la mangez avec quoi ?

Comment encourager les commentaires ?

Le secret se trouve dans l'interactivité et l'engagement. Tout d'abord, posez des questions qui suscitent l'intérêt et qui incitent à la participation active de votre audience. Les questions ouvertes et engageantes peuvent encourager les utilisateurs à partager leurs opinions, expériences personnelles ou conseils, créant ainsi une conversation dynamique autour de votre contenu.

Ensuite, assurez-vous d'inclure un appel à l'action clair dans la légende de votre publication. Invitez explicitement les utilisateurs à partager leurs réflexions dans les commentaires. Un appel à l'action bien formulé peut faire la différence, incitant les gens à participer plutôt qu'à simplement passer à la publication suivante. Montrez également que vous appréciez les commentaires en y répondant activement, créant ainsi un dialogue et encourageant davantage d'interactions.

Enfin, diversifiez votre contenu en intégrant des éléments visuels attrayants. Les images et les vidéos captivantes peuvent stimuler l'intérêt et encourager les utilisateurs à partager leurs réactions. Les posts visuels ont souvent un potentiel plus élevé d'engagement, car ils offrent une expérience plus immersive. En adoptant ces approches, vous créez un environnement favorable à l'interaction, favorisant ainsi une participation active et augmentant les chances d'obtenir des commentaires sur vos publications Facebook.

En appliquant ces stratégies de manière cohérente, vous pouvez créer un environnement propice à l'interaction et encourager les commentaires sur vos publications Facebook. L'authenticité et la pertinence par rapport à votre audience restent la base pour maintenir un engagement durable.

Comment gérer les commentaires, sur les posts ?

C'est une partie importante de votre stratégie de médias sociaux, surtout lorsque vous cherchez à augmenter la visibilité de votre contenu. Voici quelques conseils pour gérer efficacement les commentaires sur des posts :

- **Surveillez activement les commentaires** : Soyez attentif aux commentaires dès qu'ils commencent à affluer. Un suivi régulier vous permet de répondre rapidement aux questions, de résoudre les problèmes potentiels et de montrer à votre audience que vous êtes engagé dans la discussion.

- **Répondez de manière appropriée :** Répondez à tous les commentaires de manière professionnelle et respectueuse. Que le commentaire soit positif ou négatif, une réponse réfléchie montre que vous appréciez l'interaction avec votre audience. Évitez les réponses automatisées, privilégiant plutôt des réponses personnalisées.

- **Gérez les commentaires négatifs avec soin :** En cas de commentaires négatifs, restez calme et professionnel. Adressez-vous aux préoccupations de manière constructive et essayez de résoudre les problèmes. Si nécessaire, proposez de continuer la discussion en privé pour résoudre le problème de manière plus confidentielle.

- **Mettez en avant les commentaires positifs :** N'hésitez pas à mettre en avant les commentaires positifs en les aimant ou en y répondant de manière positive. Cela renforce la réputation de votre marque et encourage d'autres utilisateurs à partager des commentaires positifs à l'avenir.

- **Modérez les commentaires inappropriés :** Surveillez les commentaires qui enfreignent les règles de la communauté ou qui sont inappropriés. Vous avez la possibilité de masquer ou de supprimer les commentaires qui ne respectent pas les normes de votre page. Veillez à rester transparent sur les règles de modération.
- **Encouragez l'engagement continu :** Continuez à encourager l'engagement en posant des questions supplémentaires, en demandant des retours d'expérience, ou en invitant les utilisateurs à partager leurs opinions. L'engagement continu renforce la visibilité de votre post.
- **Analysez les tendances :** Analysez les tendances dans les commentaires pour comprendre les sujets qui suscitent le plus d'engagement. Cela peut orienter vos futurs contenus et stratégies de publication.
- **Optimisez vos campagnes en fonction des retours :** Utilisez les commentaires pour obtenir des retours sur vos campagnes boostées. Les opinions de votre audience peuvent être précieuses

pour ajuster votre approche et améliorer
la pertinence de vos contenus

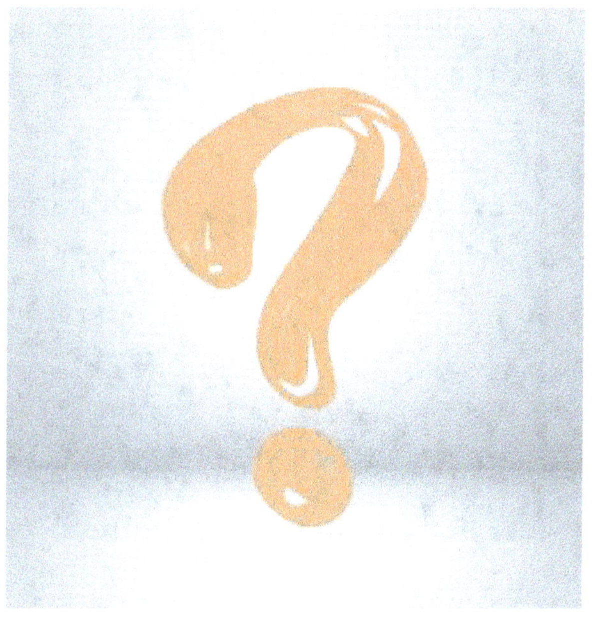

En gérant activement les commentaires sur vos
posts, vous montrez à votre audience que vous
appréciez leur participation, ce qui peut renforcer la
fidélité et la confiance. De plus, une gestion
proactive des commentaires contribue à maintenir
une réputation positive.

6. S'Adapter aux Tendances

Les tendances reflètent ce qui intéresse actuellement les utilisateurs de Facebook. En adaptant vos posts aux sujets populaires du moment, vous augmentez les chances que votre contenu apparaisse dans le fil d'actualité de votre audience. Facebook a tendance à privilégier le contenu récent et pertinent, ce qui peut accroître la visibilité de vos publications.

Engagement amélioré

Les utilisateurs sont plus susceptibles d'interagir avec du contenu qui est en phase avec les tendances actuelles. En capitalisant sur ce qui captive l'attention de votre audience à un moment donné, vous favorisez l'engagement. Les posts qui abordent des sujets tendance ont plus de chances de générer des commentaires, des likes et des partages, renforçant ainsi l'interaction avec votre communauté.

Les tendances ont souvent un fort potentiel de viralité. Les sujets populaires peuvent être rapidement partagés par de nombreux utilisateurs, augmentant ainsi la portée organique de votre contenu. Les posts qui s'inscrivent dans des tendances ont plus de chances d'être partagés, étendant ainsi leur impact au-delà de votre audience initiale.

Relevance culturelle

En vous adaptant aux tendances, vous démontrez une compréhension de la culture en ligne et des intérêts de votre audience. Cela renforce la connexion entre votre marque et vos followers, montrant que vous êtes au fait de ce qui compte pour eux. Cette pertinence culturelle contribue à créer une identité de marque moderne et en phase avec les préoccupations de votre public.

Analyse et adaptation

Suivre les tendances permet également d'analyser les réactions de votre audience à différents types de contenu. Vous pouvez utiliser ces données pour ajuster votre stratégie à long terme, en comprenant ce qui fonctionne le mieux et en adaptant votre approche en conséquence.

Nous pouvons considérer que s'adapter aux tendances sur Facebook est essentiel pour rester pertinent, accroître l'engagement de votre audience, et capitaliser sur les opportunités de viralité. En intégrant des éléments liés aux tendances dans votre stratégie de contenu, vous renforcez la visibilité de votre marque et favorisez une interaction positive avec votre audience.

Méthodologie

Pour vous adapter aux tendances de Facebook, voici quelques stratégies à considérer :

1. **Veille active :** Restez informé des tendances en surveillant régulièrement les actualités, les discussions en ligne et les hashtags populaires. Utilisez des outils de veille pour suivre les sujets émergents dans votre domaine d'activité et au sein de la culture générale.
2. **Intégration rapide :** Dès que vous identifiez une tendance pertinente, intégrez-la rapidement dans votre contenu. Les sujets tendance évoluent rapidement, il est donc essentiel d'agir promptement pour tirer parti de leur popularité.
3. **Adaptation créative :** Adaptez la tonalité et le style de vos posts pour correspondre aux tendances actuelles. Soyez créatif dans la façon dont vous abordez le sujet, en utilisant des formats de contenu qui résonnent avec votre audience.
4. **Utilisation de hashtags :** Incorporer des hashtags populaires liés à la tendance peut accroître la visibilité de votre post. Cependant, assurez-vous que les hashtags

sont pertinents pour votre contenu et votre marque.

5. **Création de contenu visuel :** Les posts visuels attirent souvent davantage l'attention. Créez des images, des infographies ou des vidéos en lien avec les tendances pour rendre votre contenu plus attractif et partageable.
6. **Interaction avec l'audience :** Encouragez votre audience à participer en posant des questions, en demandant des retours d'expérience ou en incitant au partage de leurs opinions sur la tendance. La participation active renforce l'engagement.
7. **Suivi des analytics :** Surveillez les performances de vos posts liés aux tendances en analysant les données d'engagement. Identifiez ce qui fonctionne le mieux pour votre audience et ajustez votre stratégie en conséquence.
8. **Sensibilité culturelle :** Soyez conscient de la sensibilité culturelle. Certaines tendances peuvent être éphémères ou risquées, il est donc important de les aborder avec discernement pour éviter tout impact négatif.
9. **Test continu :** Expérimentez avec différents types de contenus liés aux tendances pour déterminer ce qui résonne le mieux avec

votre audience. Soyez prêt à ajuster votre
approche en fonction des retours et des
performances.
10. **Création de contenu original :** Si possible,
ajoutez une touche originale à votre
adaptation aux tendances. Créez du contenu
unique qui se démarque tout en étant en
phase avec la tendance.

En intégrant ces stratégies, vous pouvez tirer parti
des tendances actuelles pour accroître la visibilité de
votre marque et stimuler l'engagement sur
Facebook. L'adaptation rapide et créative à
l'évolution du paysage en ligne contribuera à
renforcer la pertinence de votre contenu.

Outils pratiques

Plusieurs outils peuvent vous aider à effectuer une
veille des tendances sur Internet, ce qui peut être
particulièrement utile pour créer des posts
Facebook pertinents :

Google Trends

Il s'agit d'un outil gratuit qui permet de visualiser la popularité des termes de recherche au fil du temps. Vous pouvez identifier les tendances émergentes et voir comment la popularité des mots-clés évolue. Cela peut vous donner des idées pour créer du contenu en phase avec ce qui intéresse actuellement les utilisateurs.

Buzzsumo

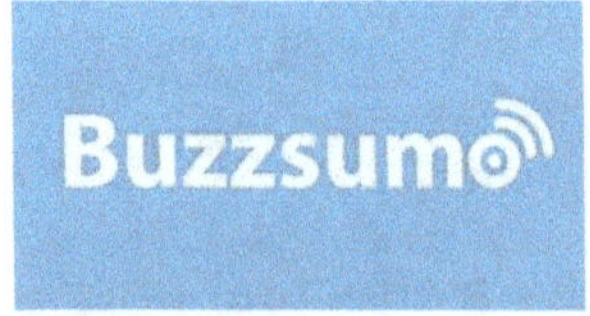

BuzzSumo vous permet de suivre les contenus les plus partagés sur les réseaux sociaux en fonction de mots-clés spécifiques. Vous pouvez également analyser le succès de votre propre contenu. Cela peut vous donner des insights sur ce qui fonctionne bien dans votre niche et vous aider à identifier des tendances émergentes.

Talkwalker

C'est un outil de veille des médias sociaux qui peut vous aider à suivre les tendances en temps réel sur diverses plateformes, y compris Facebook. Vous pouvez surveiller les discussions, les hashtags et les sujets pertinents pour votre secteur.

Hootsuite

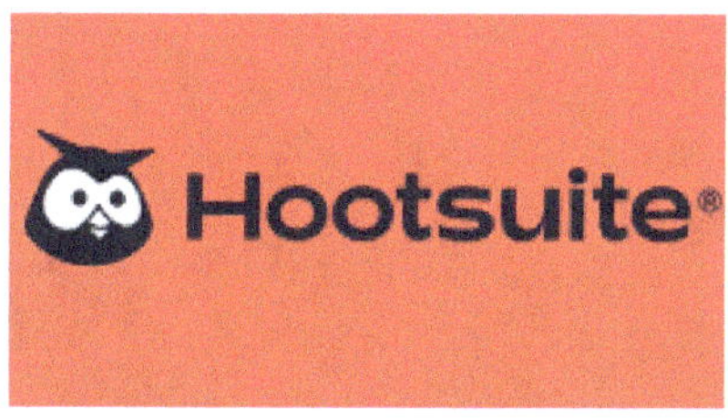

Hootsuite est une plateforme de gestion des médias sociaux qui offre des fonctionnalités de veille en temps réel. Vous pouvez configurer des flux pour suivre les mentions, les hashtags et les sujets spécifiques, ce qui vous aide à rester informé des conversations en cours.

Reddit

Il s'agit d'une plateforme communautaire qui regroupe des discussions sur une variété de sujets. En suivant les sous-forums pertinents à votre secteur, vous pouvez repérer les tendances émergentes et comprendre ce qui captive l'attention des utilisateurs.

AnswerThePublic

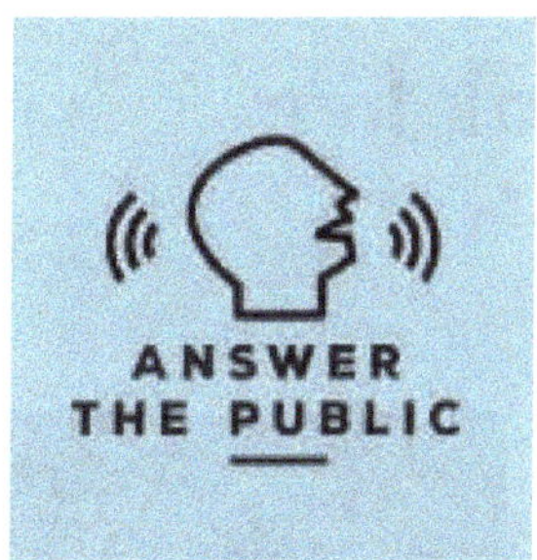

Bien que principalement conçu pour la recherche de mots-clés, AnswerThePublic peut également vous donner des idées sur les questions et sujets populaires autour d'un thème particulier. Cela peut être utile pour créer du contenu basé sur ce qui intéresse actuellement votre audience.

Lorsque vous utilisez ces outils, n'oubliez pas d'ajuster vos recherches en fonction de votre industrie et de votre audience spécifique ! La veille des tendances vous aide à rester à jour, à créer du contenu pertinent et à optimiser l'engagement sur vos posts Facebook.

7. Utiliser les Facebook live

Faire des Facebook Live contribue à augmenter la viralité sur Facebook, exploitant les caractéristiques spécifiques de cette fonctionnalité en direct.

Engagement en temps réel

Les Facebook Live permettent une interaction en temps réel avec votre audience. Les spectateurs peuvent réagir, poser des questions et interagir avec vous pendant la diffusion. Cela crée une expérience plus immersive et encourage l'engagement, ce qui est souvent récompensé par l'algorithme de Facebook en augmentant la visibilité du Live.

Lorsque vous démarrez un Facebook Live, vos abonnés reçoivent généralement une notification instantanée. Cela alerte directement votre audience, les incitant à participer à la diffusion en direct. Les notifications immédiates peuvent augmenter la portée organique de votre contenu et encourager davantage de spectateurs à rejoindre la session en direct.

Priorité dans le fil d'actualité

Facebook a tendance à donner la priorité au contenu en direct dans le fil d'actualité. Les vidéos en direct sont souvent mises en avant, ce qui peut accroître leur visibilité. Les utilisateurs sont plus enclins à voir et à interagir avec du contenu en direct par rapport à des publications statiques.

Partage facilité

Les Facebook Live peuvent être partagés instantanément par les spectateurs, ce qui peut augmenter la portée de votre diffusion. Lorsqu'un spectateur partage votre Live sur sa propre timeline ou dans des groupes, cela expose votre contenu à de nouveaux publics, potentiellement plus étendus.

Facebook favorise souvent les vidéos plus longues. Les Lives permettent des sessions prolongées, offrant plus de temps pour captiver l'audience et augmenter l'engagement. Plus la durée de la diffusion est longue, plus il y a de chances que

Facebook favorise votre contenu dans le fil
d'actualité.

Réutilisation du contenu : Une fois le Live terminé,
vous pouvez réutiliser le contenu en le publiant sur
votre page. Cela permet à ceux qui n'ont pas pu
assister en direct de visionner la vidéo plus tard. Les
commentaires et réactions restent également
visibles, encourageant une interaction continue.

Les Facebook Live offrent une opportunité unique
de montrer une facette authentique de votre
marque ou de votre personnalité. L'authenticité
peut renforcer la connexion avec votre audience,
incitant les spectateurs à partager et à
recommander votre contenu.

En combinant ces aspects, les Facebook Live créent
une expérience interactive qui stimule l'engagement
et augmente les chances de viralité sur la
plateforme. Cependant, la clé réside dans la qualité
et la pertinence du contenu en direct pour susciter
l'intérêt de votre audience.

Pour utiliser efficacement le Facebook Live et
augmenter sa viralité, voici une liste de bonnes
pratiques :

- **Planification préalable** : Annoncez votre Facebook Live à l'avance pour donner à votre audience le temps de se préparer. Utilisez des teasers, des posts préalables et des événements Facebook pour générer de l'anticipation.
- **Contenu de qualité** : Assurez-vous que votre contenu est intéressant, pertinent et de haute qualité. Identifiez les sujets qui captivent votre audience et planifiez des Lives autour de ces thèmes. Soyez authentique et engageant pour maintenir l'attention.
- **Interaction en temps réel** : Encouragez l'interaction pendant la diffusion. Répondez aux commentaires en direct, adressez-vous aux spectateurs par leur nom, et posez des questions pour stimuler les réactions. Plus il y a d'interaction, plus votre Live a de chances de devenir viral.
- **Durée appropriée** : Tout en offrant du contenu de qualité, gardez à l'esprit que des Lives plus longs ont tendance à être favorisés par l'algorithme de Facebook. Cependant, assurez-vous que la durée

reste adaptée au sujet et à l'attention de votre audience.

- **Partage de l'écran ou du lieu** : Exploitez les fonctionnalités de partage de l'écran ou du lieu pour diversifier votre contenu. Cela peut être particulièrement utile pour les tutoriels, les visites virtuelles ou les démonstrations de produits.
- **Utilisation de hashtags pertinents** : Ajoutez des hashtags pertinents à la description de votre Live pour augmenter sa visibilité. Les hashtags peuvent également aider les spectateurs à découvrir votre contenu lorsqu'ils recherchent des sujets spécifiques.
- **Promotion après le Live** : Après la diffusion en direct, partagez le replay sur votre page et dans d'autres groupes ou plateformes pertinentes. Encouragez vos abonnés à partager le replay avec leur réseau.
- **Analyse des données** : Utilisez les données d'analyse de Facebook pour évaluer la performance de votre Live. Identifiez les moments forts, les pics d'audience, et comprenez ce qui a

fonctionné. Utilisez ces informations pour améliorer vos Lives futurs.

- **Collaborations** : Collaborez avec d'autres utilisateurs ou pages pour élargir votre audience. Les collaborations peuvent attirer les abonnés d'autres créateurs et augmenter la portée de votre Live.
- **Appels à l'action** : Incluez des appels à l'action pour encourager les spectateurs à partager votre Live. Par exemple, demandez-leur de partager s'ils ont apprécié le contenu ou s'ils ont trouvé la diffusion utile.
- **Consistance** : Planifiez des Lives de manière régulière pour établir une routine avec votre audience. La consistance contribue à fidéliser votre public et à renforcer la présence de votre marque.

L'engagement actif avec votre audience, la qualité du contenu, et la promotion efficace vous permettrons de tirer le meilleur parti de cette fonctionnalité en direct.

8. Timing stratégique

Le timing stratégique a un impact significatif sur la visibilité, l'engagement et la portée de votre contenu.

Optimisation de la visibilité

Publier vos posts lorsque votre audience est la plus active maximise la visibilité de votre contenu. Si votre post apparaît dans le fil d'actualité de vos abonnés au moment où ils sont connectés, il a plus de chances d'être vu, partagé et commenté.

Engagement accru

Publier au bon moment peut stimuler l'engagement. Si votre audience est en ligne, elle est plus susceptible de réagir, de commenter et de partager votre contenu. Cela contribue à créer une dynamique positive autour de vos posts.

Algorithme de Facebook

L'algorithme de Facebook prend en compte la fraîcheur du contenu. Les posts récents ont tendance à être favorisés, donc publier au bon moment peut augmenter la probabilité que votre contenu soit mis en avant dans le fil d'actualité de vos abonnés.

Réaction instantanée

Certains types de contenus sont plus adaptés à des moments spécifiques de la journée. Par exemple, publier des informations importantes ou des actualités au moment où votre audience est la plus active peut générer une réaction plus instantanée.

Optimisation des campagnes payantes

Si vous utilisez la publicité sur Facebook, le timing est également important. Vous voudrez diffuser vos annonces au moment où votre audience est la plus réceptive pour maximiser l'efficacité de vos campagnes payantes.

Adaptation aux fuseaux horaires

Si votre audience est répartie dans différents fuseaux horaires, le timing stratégique devient encore plus crucial. Essayez de planifier vos posts pour atteindre différentes parties de votre audience à des moments opportuns.

Concurrence moindre

En publiant lorsque la concurrence est moindre, votre contenu a plus de chances de se démarquer. Si votre audience est moins sollicitée par d'autres contenus au même moment, votre post a une meilleure chance de capter l'attention.

Le timing stratégique permet donc d'optimiser la performance de vos posts sur Facebook en atteignant votre audience au moment optimal. Cela permettra de renforcer l'engagement, la visibilité de votre contenu et à rendre plus efficace vos efforts de communication sur la plateforme.

Afin de déterminer le moment optimal pour publier sur Facebook, vous avez plusieurs solutions.

Tout d'abord, consultez les Insights de votre page Facebook, qui sont les éléments les plus importants.

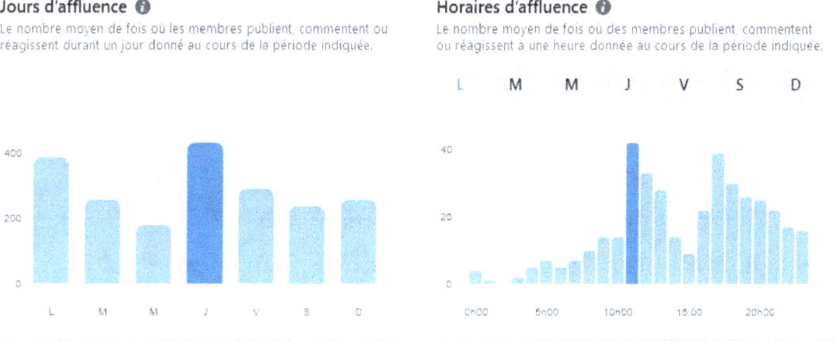

Ces données analytiques vous fourniront des informations précieuses sur les habitudes en ligne de votre audience, notamment les jours et les heures auxquels elle est la plus active. Examinez les statistiques de la portée, de l'engagement et des vues pour identifier les pics d'activité.

Cette analyse vous aidera à planifier vos posts en fonction des périodes où votre audience est la plus présente.

Tests de publication

Un autre moyen efficace est de réaliser des tests de publication à différents moments de la journée et de la semaine. Publiez du contenu à des heures variées et évaluez les performances de chaque post en fonction de l'engagement généré. Analysez les réactions, les commentaires et les partages pour déterminer les moments qui suscitent le plus d'interactions. Cette approche expérimentale vous permet d'ajuster stratégiquement votre calendrier éditorial en fonction des résultats obtenus.

En combinant ces approches, vous serez en mesure de déterminer avec précision quand votre audience est la plus réceptive sur Facebook, permettant ainsi d'augmenter l'impact de vos posts et de renforcer l'engagement de votre communauté en ligne.

9. Collaborations et partenariats

Les collaborations et partenariats sont des moyens très puissants pour obtenir de la viralité sur Facebook. En unissant vos forces avec d'autres créateurs de contenu ou marques complémentaires, vous élargissez automatiquement votre audience potentielle. Lorsque vous partagez du contenu avec un partenaire, vous bénéficiez de l'exposition auprès de leur base d'abonnés, ce qui peut entraîner une augmentation significative de la visibilité de vos posts. La diversité des publics atteints par ces collaborations offre une opportunité unique de toucher de nouveaux segments démographiques et d'attirer l'attention d'une audience plus vaste.

Les partenariats peuvent également apporter une crédibilité accrue à votre contenu. Si vous collaborez avec des figures d'autorité ou des marques respectées dans votre domaine, cela renforce la confiance de votre audience. Les recommandations croisées et les co-signatures de contenu établissent une connexion positive avec les followers de votre partenaire, incitant davantage de personnes à partager et à interagir avec votre post. Les collaborations sur Facebook créent un effet de réseau, amplifiant la portée de votre contenu et favorisant ainsi sa viralité grâce à une exposition accrue et à des relations mutuellement bénéfiques avec d'autres acteurs du monde numérique.

Ces collaborations peuvent revêtir différentes formes en fonction de votre niche, de votre public cible et de vos objectifs. Voici quelques exemples concrets :

1. **Co-Création de contenu :** Collaborez avec d'autres créateurs de contenu pour co-créer des posts, des vidéos ou des articles. Par exemple, si vous êtes un créateur de contenu beauté, vous pourriez collaborer avec un expert en maquillage pour créer un tutoriel ensemble.

2. **Giveaways et concours croisés :** Organisez des giveaways ou des concours en partenariat avec d'autres marques ou influenceurs. Chaque participant doit suivre les comptes impliqués, ce qui peut entraîner une croissance mutuelle des audiences.

3. **Partages d'articles ou de publications :** Partagez les articles ou les publications pertinents de partenaires dans votre domaine. Cela peut renforcer les relations avec d'autres acteurs du secteur et vous positionner en tant que source d'informations diverses et intéressantes pour votre audience.

4. **Prises de contrôle de compte :** Effectuez des prises de contrôle de compte mutuelles, où vous prenez temporairement le contrôle du compte d'un partenaire, et vice versa. Cela permet à chaque audience de découvrir du contenu nouveau et différent.

5. **Affiliation et codes promotionnels :** Établissez des partenariats d'affiliation en partageant des codes promotionnels. Les partenaires peuvent promouvoir vos produits ou services auprès de leur audience avec des avantages spéciaux.

6. **Événements en ligne :** Co-organisez des événements en ligne tels que des webinaires, des interviews en direct ou des séminaires avec d'autres professionnels de votre secteur. Cela offre une opportunité d'expertise partagée et d'exposition croisée.

7. **Témoignages croisés :** Échangez des témoignages ou des critiques positives avec d'autres marques ou créateurs. Cela peut renforcer la crédibilité mutuelle et aider à établir la confiance auprès des audiences respectives.

8. **Soutien mutuel :** Partagez et commentez régulièrement le contenu de partenaires. Cela peut aider à maintenir une présence constante dans le fil d'actualité de l'audience et à montrer un soutien mutuel.

Ces exemples illustrent la diversité des collaborations possibles sur Facebook. L'essentiel est de choisir des partenariats qui sont pertinents

pour votre audience et qui offrent une valeur
ajoutée à toutes les parties impliquées.

Définition d'un « Give Away »

Il s'agit d'une pratique consistant à organiser un
concours ou une distribution de cadeaux,
généralement sur les réseaux sociaux ou en ligne.
L'objectif principal d'un giveaway est d'engager
l'audience en offrant la possibilité de remporter des
prix attractifs.

Ces cadeaux peuvent être liés au domaine d'activité
de l'organisateur, tels que des produits, des services,
ou des expériences, et servent souvent de stratégie
pour accroître la visibilité de la marque, augmenter
le nombre d'abonnés, ou stimuler l'interaction sur
les plateformes sociales.

Dans un giveaway typique, les participants sont
invités à prendre des mesures spécifiques pour avoir
une chance de gagner, comme suivre la page ou le
profil de l'organisateur, partager le post du
concours, mentionner des amis, ou utiliser un
hashtag particulier. Ces actions contribuent à
étendre la portée du concours en mobilisant la

communauté existante et en attirant de nouveaux participants. Les règles et les conditions du giveaway sont généralement clairement définies, et un gagnant ou plusieurs gagnants sont sélectionnés au hasard à la fin de la période du concours.

Définir le cadre d'une collaboration

La définition du cadre d'un partenariat ou d'une collaboration sur Facebook nécessite une approche stratégique pour garantir une synergie efficace entre les parties impliquées. Tout d'abord, il est essentiel d'établir des objectifs clairs et mutuellement bénéfiques. Les partenaires doivent définir ce qu'ils espèrent accomplir grâce à la collaboration, que ce soit une augmentation de l'audience, une promotion de produit, ou une exposition accrue. Une compréhension partagée des attentes garantit que chaque partie contribue de manière équitable et maximise les avantages de la collaboration.

Ensuite, il est essentiel de définir les rôles et responsabilités de chaque partenaire. Cela inclut la répartition des tâches liées à la création de contenu, à la promotion et à l'engagement de l'audience. Un calendrier clair et des échéances définies peuvent également contribuer à maintenir la collaboration sur la bonne voie. La transparence dans la communication est un élément clé pour éviter les malentendus et assurer une exécution fluide du partenariat.

Enfin, la confiance et la flexibilité sont des éléments cruciaux du cadre d'un partenariat sur Facebook. Les partenaires doivent être ouverts à l'adaptation de leur stratégie en fonction des résultats et des retours, et à la possibilité d'explorer de nouvelles opportunités au fur et à mesure de la collaboration. La confiance mutuelle favorise une collaboration harmonieuse et renforce la crédibilité de chaque partenaire auprès de leur audience respective. En définissant soigneusement ces éléments, les partenariats sur Facebook peuvent devenir des catalyseurs puissants pour la croissance et l'engagement.

10. Analyser et Ajuster

L'analyse et l'ajustement sont des éléments qui se situent au cœur d'une stratégie efficace pour augmenter son audience et sa viralité. En voici plusieurs raisons :

Compréhension des performances

L'analyse des données, telle que celle fournie par les Insights de Facebook, permet de comprendre comment votre contenu performe auprès de votre audience. Vous pouvez identifier quels types de posts génèrent le plus d'engagement, de partages, et d'interactions. Cette compréhension vous guide pour affiner votre stratégie et concentrer vos efforts sur les types de contenu les plus efficaces.

Adaptation aux changements d'algorithme

Les algorithmes des réseaux sociaux, y compris celui de Facebook, évoluent constamment. Analyser les performances de votre contenu vous aide à rester au fait de ces changements. Vous pouvez ajuster votre stratégie en fonction des nouvelles priorités de l'algorithme pour maintenir ou augmenter votre visibilité dans le fil d'actualité de votre audience.

Réactivité aux retours de l'audience

Les commentaires, les réactions et les partages de votre audience fournissent des retours précieux. Analyser ces retours vous permet d'ajuster votre approche en fonction des préférences et des attentes de votre audience. Être réactif aux réactions en temps réel contribue à maintenir un engagement élevé et à créer du contenu plus aligné sur les intérêts de votre communauté.

Optimisation des horaires de publication

L'analyse des Insights aide à déterminer les moments où votre audience est la plus active. En ajustant les horaires de publication en fonction de ces données, vous maximisez la probabilité que votre contenu soit vu au moment opportun, augmentant ainsi sa viralité potentielle.

Test et itération

L'ajustement est une composante essentielle du processus d'itération. Tester différents formats, types de contenu, ou angles narratifs, puis ajuster votre stratégie en fonction des résultats, vous permet d'optimiser continuellement votre approche pour accroître la viralité de vos posts.

L'analyse régulière des performances et la capacité à ajuster votre stratégie en conséquence sont essentielles pour rester adapté aux évolutions constantes des plateformes sociales, répondre aux attentes de votre audience, et maximiser le potentiel viral de votre contenu sur Facebook.

Pratiquer des tests et itérations est une stratégie judicieuse pour améliorer sa viralité sur Facebook. Je vous soumets quelques bonnes pratiques pour mettre en œuvre ce processus de manière efficace :

- **Définissez des objectifs mesurables :**
Avant de commencer les tests, établissez
des objectifs clairs et mesurables. Que
cherchez-vous à améliorer : la portée,
l'engagement, les partages ? En
définissant des indicateurs spécifiques,
vous pourrez évaluer plus facilement
l'efficacité de vos tests.
- **Identifiez les variables à tester :**
Choisissez soigneusement les éléments
que vous souhaitez tester. Cela peut
inclure le type de contenu (image, vidéo,
texte), l'heure de publication, le ton du
message, les appels à l'action, etc. En
limitant les variables à tester à un ou deux
éléments à la fois, vous pouvez mieux
isoler les facteurs qui influencent les
résultats.
- **Utilisez les tests A/B :** Divisez votre
audience en groupes et exposez chaque
groupe à une version légèrement
différente de votre contenu. Cela peut
être fait en testant différentes variations
du même post, par exemple avec des
légendes différentes ou des images
alternatives. Les tests A/B vous aident à
identifier ce qui fonctionne le mieux.

- **Analysez les résultats :** Après chaque test, analysez les données d'engagement, de portée et d'autres indicateurs pertinents. Identifiez les tendances et les variations significatives entre les différentes versions du contenu. Comprenez ce qui a contribué au succès ou à l'échec de chaque test.
- **Tirez des conclusions précises :** Les résultats des tests ne sont bénéfiques que s'ils conduisent à des conclusions précises. Si une variation de contenu surpasse les autres, comprenez pourquoi. Appliquez ces conclusions à vos futurs contenus pour une amélioration continue.
- **Itérez et adaptez :** En fonction des conclusions tirées, ajustez votre stratégie. Intégrez les meilleures pratiques dans votre approche future. Le processus d'itération est continu, car les tendances et les préférences de l'audience peuvent évoluer.
- **Soyez ouvert aux changements :** Soyez prêt à remettre en question vos hypothèses et à adapter votre stratégie en fonction des résultats réels. La flexibilité est essentielle pour s'adapter aux

changements dans le comportement de l'audience et aux ajustements d'algorithme sur la plateforme.

- **Documentez vos tests :** Tenez un journal des tests que vous effectuez, des variations que vous avez essayées, et des résultats que vous avez obtenus. Cette documentation vous servira de référence pour éclairer vos futures décisions stratégiques.

En suivant ces bonnes pratiques, vous serez en mesure de conduire des tests significatifs et d'itérer efficacement pour améliorer la viralité de votre contenu sur Facebook au fil du temps.

Des exemples plus parlant

Imaginons que vous soyez un créateur de contenu sur Facebook cherchant à optimiser la viralité de vos posts. Vous pourriez commencer par tester différentes approches de légendes pour accompagner vos images. Dans le cadre d'un test A/B, vous publieriez deux versions du même contenu avec des légendes légèrement différentes. La première pourrait être informative et la seconde plus engageante ou humoristique. En analysant les résultats, si vous constatez que la version humoristique génère plus d'interactions, vous pourriez itérer en adoptant un ton plus léger dans vos légendes à l'avenir.

Ensuite, vous pourriez expérimenter avec le moment de publication. Divisez votre audience en groupes et publiez le même contenu à des heures différentes de la journée pour déterminer quand votre audience est la plus réceptive. Si les données montrent que le matin génère davantage d'engagement, vous pourriez ajuster votre calendrier éditorial en conséquence, privilégiant les publications matinales pour maximiser la visibilité et la viralité de votre contenu.

Pour un troisième test, vous pourriez explorer la variété de formats de contenu. Si vous avez principalement partagé des images, essayez de diversifier avec des vidéos courtes. Analysez les performances en termes d'engagement, de partages et de portée. Si les vidéos obtiennent des résultats significativement meilleurs, vous pourriez ajuster votre stratégie pour inclure plus fréquemment des contenus vidéo dans vos publications, capitalisant ainsi sur la préférence de votre audience. En somme, ces tests et itérations régulières vous aident à affiner votre approche et à maximiser la viralité de votre contenu sur Facebook.

Conclusion

Les tests et itérations représentent la clé du succès pour améliorer la viralité sur Facebook car ils permettent une adaptation constante aux préférences changeantes de l'audience et aux ajustements d'algorithme. En analysant les performances de différentes approches, horaires de publication, formats de contenu, et autres variables, les créateurs de contenu peuvent identifier ce qui résonne le mieux avec leur public. L'itération continue sur la base des résultats obtenus permet d'affiner stratégies et contenus, favorisant ainsi une croissance organique, un engagement accru, et une maximisation de la visibilité dans le fil d'actualité. En restant réceptif aux données analytiques et en mettant en œuvre des ajustements réfléchis, les créateurs sont mieux positionnés pour créer un impact durable et augmenter leur influence sur la plateforme.

11. Outils et ressources utiles

Il existe plusieurs outils utiles pour augmenter sa viralité sur Facebook, chacun ayant des fonctionnalités spécifiques pour optimiser la stratégie de contenu et l'engagement. Même si certains ont déjà été évoqués, voici la liste d'outils qui peuvent être bénéfiques :

1. **Facebook Insights** : Facebook Insights est un outil majeur pour maximiser la viralité sur la plateforme. En fournissant des données détaillées sur la performance de votre page, il offre une vision approfondie de la manière dont votre audience interagit avec votre contenu. Vous pouvez analyser la portée de vos publications, l'engagement, les horaires de pic d'activité, et les caractéristiques démographiques de votre audience. En comprenant ces éléments, vous pouvez ajuster stratégiquement votre calendrier éditorial, adapter votre contenu pour mieux répondre aux intérêts de votre audience, et identifier les types de posts qui ont le plus de

potentiel viral. Facebook Insights fournit une feuille de route précieuse pour affiner votre stratégie et optimiser la viralité de vos publications en temps réel.

2. **Hootsuite** : Hootsuite se révèle être un outil précieux, grâce à ses fonctionnalités de gestion de médias sociaux avancées. En permettant la planification et la programmation des publications, Hootsuite offre la possibilité de publier du contenu au moment optimal pour atteindre une audience plus large. Sa capacité à gérer plusieurs plateformes simultanément simplifie également la coordination des stratégies de contenu sur différents canaux, renforçant la présence en ligne de manière cohérente. En outre, les fonctionnalités de suivi des performances et de l'engagement aident les utilisateurs à analyser les résultats de leurs efforts, à ajuster leur approche en fonction des données, et à maximiser l'impact de leurs publications pour favoriser la viralité.

3. **Buffer** : Buffer se distingue en simplifiant la planification, la publication, et l'analyse des performances de contenu. Grâce à sa fonction de planification intelligente, Buffer propose des suggestions pour les moments optimaux de publication basées sur l'activité passée de l'audience. Cette fonctionnalité favorise une meilleure visibilité du contenu et une plus grande résonance. En comparaison avec Hootsuite, Buffer se concentre spécifiquement sur la planification et l'analyse de contenu social, offrant une interface épurée et intuitive. Tandis que Hootsuite offre une gamme plus étendue de fonctionnalités, Buffer excelle dans sa simplicité d'utilisation, particulièrement adaptée à ceux qui recherchent une solution spécialisée dans la gestion de contenu sur les réseaux sociaux, y compris Facebook.

4. **Canva** : Canva est formidablement utile en facilitant la création de visuels attrayants et engageants. Avec une interface conviviale et une vaste bibliothèque de modèles, d'images et d'éléments graphiques, Canva permet même à ceux sans compétences avancées en

design de produire du contenu visuel professionnel. En intégrant des éléments graphiques captivants à vos publications Facebook, telles que des infographies, des citations visuelles, et des images percutantes, Canva peut contribuer à attirer l'attention de votre audience, à augmenter le partage de vos posts, et à renforcer l'impact visuel de votre présence sur la plateforme. Son accessibilité en fait un allié puissant pour les créateurs de contenu cherchant à optimiser leur stratégie visuelle pour une meilleure viralité.

5. **BuzzSumo** : BuzzSumo offre des insights précieux sur les contenus les plus populaires dans votre domaine. En analysant les performances de publications similaires, BuzzSumo identifie les sujets, les formats, et les types de contenu qui génèrent le plus d'engagement. Cette information permet aux créateurs de contenu de s'aligner sur les tendances actuelles, de créer des posts pertinents et attrayants, et d'optimiser leurs stratégies pour maximiser la visibilité et le partage sur Facebook. En comprenant ce qui

fonctionne déjà bien, les utilisateurs de BuzzSumo peuvent ajuster leur approche pour accroître la probabilité de créer du contenu susceptible de devenir viral au sein de leur propre audience.

6. **Split.io** : Split.io facilite grandement les tests A/B sur différents éléments de contenu. En permettant aux créateurs de diviser leur audience et de présenter des variations spécifiques de leurs posts, Split.io offre une méthode efficace pour déterminer ce qui fonctionne le mieux en termes d'engagement et de partage. Cela peut inclure des tests sur différentes approches de légendes, des variations de médias, ou même des ajustements de tonalité. En analysant les résultats de manière détaillée, les utilisateurs de Split.io peuvent identifier les éléments qui ont le plus d'impact positif, affinant ainsi leur stratégie pour accroître la probabilité que leur contenu soit partagé et devienne viral sur la plateforme.

7. **CoSchedule Headline Analyzer** :
CoSchedule Headline Analyzer est un outil
puissant qui permet d'optimiser l'élément clé
de l'engagement initial : le titre. En évaluant
la qualité et la force émotionnelle des titres
proposés, cet outil permet aux créateurs de
choisir des formulations plus percutantes et
engageantes. Un titre attractif incite
davantage à cliquer, partager, et interagir,
amplifiant ainsi la portée organique du
contenu. En affinant les titres à l'aide de cet
outil, les utilisateurs peuvent augmenter leurs
chances de captiver l'attention de leur
audience sur Facebook et de favoriser une
meilleure diffusion de leurs posts au sein de
la plateforme.

8. **MeetEdgar** : MeetEdgar automatise le
recyclage stratégique du contenu. En
repartageant automatiquement des posts qui
ont déjà démontré leur efficacité en termes
d'engagement, MeetEdgar assure une
visibilité continue à des contenus qui ont le
potentiel d'être partagés à nouveau. Cette
approche permet de maintenir une présence
constante et d'optimiser l'impact des posts

déjà populaires, augmentant ainsi la probabilité qu'ils soient redécouverts, partagés, et contribuent à une plus grande viralité sur la plateforme. En automatisant cette tâche, MeetEdgar libère du temps pour les créateurs de contenu, qui peuvent se concentrer sur la création de nouveaux posts tout en capitalisant sur le succès continu des contenus précédents.

9. **Agorapulse** : Agorapulse présente des fonctionnalités de gestion et d'analyse très avancées. En centralisant la gestion des médias sociaux, Agorapulse offre une vue d'ensemble des performances de votre contenu sur Facebook, permettant une analyse approfondie de l'engagement, de la portée et des interactions. Les rapports détaillés aident à identifier les types de posts qui ont le plus d'impact et à ajuster la stratégie en conséquence. La capacité à planifier et à programmer les posts de manière intuitive, ainsi que la fonction d'automatisation pour répondre aux commentaires, contribuent à maintenir une présence active et à favoriser l'interaction,

des éléments essentiels pour une meilleure viralité sur la plateforme.

10. **AdEspresso** : AdEspresso simplifie la gestion et l'optimisation des campagnes publicitaires. En offrant des fonctionnalités avancées telles que le fractionnement des tests et l'optimisation automatisée des publicités, AdEspresso permet aux annonceurs de cibler plus efficacement leur audience et d'ajuster leurs stratégies publicitaires en fonction des performances réelles. En analysant les résultats détaillés des campagnes, les utilisateurs peuvent affiner leurs approches pour maximiser la visibilité, l'interaction, et le partage du contenu publicitaire, renforçant ainsi la viralité de leurs annonces sur la plateforme.

11. **Quuu Promote** : Quuu Promote émerge comme un outil important, en offrant une plateforme de promotion de contenu organique. En permettant aux utilisateurs de partager leur contenu avec d'autres membres

qui le répartiront dans leurs réseaux, Quuu Promote favorise une diffusion organique étendue. En ciblant des utilisateurs intéressés par des contenus similaires, cette approche augmente la probabilité que le contenu soit partagé au sein de communautés pertinentes, amplifiant ainsi sa portée et son potentiel de viralité. Quuu Promote offre ainsi une alternative stratégique pour augmenter la visibilité et le partage de contenu sur Facebook sans recourir à des méthodes publicitaires traditionnelles.

Il s'agit de formidables outils numériques qui, de manière stratégique, peuvent soutenir les efforts réalisés pour accroître la viralité de contenu sur Facebook.

12. Cas d'étude : Sarah

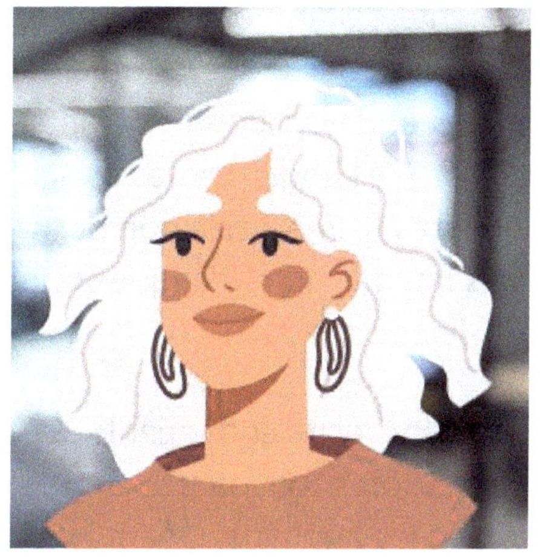

Sarah, passionnée des animaux et désireuse d'améliorer sa viralité sur Facebook,a reçu lors d'une fête le livre que vous êtes en train de lire.

Elle a donc commencé par essayer de comprendre son public. Pour ce faire, elle a analysé les données de Facebook Insights pour identifier les préférences et les comportements de son audience envers les contenus liés aux animaux.

En comprenant mieux ses followers, elle a ajusté sa stratégie en conséquence, et a défini une audience cible dont elle connaît l'âge moyen, et les différentes habitudes.

Ensuite, consciente de l'importance du contenu visuel, Sarah a utilisé des outils comme Canva pour créer des images et des visuels attrayants mettant en avant des histoires engageantes sur les animaux. Elle a privilégié des formats tels que des vidéos courtes ou des images humoristiques pour maximiser l'impact visuel.

Pour construire des récits engageants, Sarah a partagé des anecdotes touchantes sur ses expériences avec les animaux, créant ainsi une connexion émotionnelle avec son audience.

L'utilisation judicieuse de l'humour a également fait partie de sa stratégie, en intégrant des moments légers et amusants dans ses publications pour susciter des réactions positives.

Pour encourager l'interaction, Sarah a posé des questions pertinentes sur les animaux et a encouragé les commentaires en répondant activement aux réactions de son audience. Elle a également surveillé les tendances en ligne liées aux animaux et adapté son contenu en conséquence, capitalisant sur les sujets populaires.

Sarah a utilisé régulièrement les Facebook Live pour partager en direct des moments avec ses animaux, impliquant ainsi son audience de manière authentique. Elle a également planifié ses publications en tenant compte du timing stratégique, publiant aux heures où son audience était la plus active.

Afin de développer des collaborations, Sarah a établi des partenariats avec d'autres amoureux des animaux, partageant mutuellement du contenu et élargissant ainsi son audience. Enfin, elle a analysé régulièrement les performances de ses publications, faisant différents tests et itérations, puis ajustant sa stratégie en fonction des retours et des tendances émergentes.

En suivant cette approche holistique, Sarah a pu améliorer sa viralité sur Facebook en créant un contenu captivant et en s'adaptant continuellement aux besoins et aux préférences de son public.

A présent, à vous d'écrire votre propre histoire !

www.ingramcontent.com/pod-product-compliance
Lightning Source LLC
Chambersburg PA
CBHW050737260726
48661CB00001B/278